志麻さんちのごはん

タサン志麻

JN193620

幻冬舎

はじめに

　私が家政婦の仕事を通して感じる面白さは、家庭で日々食べるごはんには物語があるということです。家族の体調や好き嫌いだけでなく、実家から送られてきた大量の野菜をどう使おうとか、昨日作ったカレーが余っているからアレンジして食べたいなとか。そんなことはレシピ本を作るときには全く関係ない話だけど、これが現実で、そこが大切なことなのだと私は思います。

　この日記には私の日々のごはんとそれにまつわる物語が綴られています。フランス人の夫ロマンはよく靴下を片方なくして私を怒らせるけど、優しくて、どんなときも明るく、楽しく家族を支えてくれます。2歳になって好き嫌いが始まった息子はロマンに似てひょうきんでマイペース。最近はおしゃべりも上手になってきました。生まれたばかりの次男も食べ物を見るとよだれが溢れ、たくさん食べそうな予感。どんなに忙しい日でも、みんなでごはんを食べれば、ほっとできる。そんなごはんの時間が大好きです。

　食いしん坊の私はその日の気分で食べたいものを作ります。買い物は近くのスーパーや八百屋さん、たまに実家から野菜が送られてくることもあります。フランスではほとんど毎日フランス料理を食べていたロマンも、日本に来てから和洋中、エスニックなどたくさんの料理を家庭で食べられることに驚いています。そんな私たち日本人の食文化はとても豊かだと感じます。近所では珍しい食材や調味料はなかなか買えないのですが、それでも工夫してなるべくたくさんのジャンルの料理を作ってあげたいと思っています。

帰りが遅くなった日はお惣菜や残り物をアレンジして作ったり、体調を崩して簡単に済ませてしまうときだってあります。食べることは毎日のこと。無理をせず、楽しく食べた方が体にも、心にもいいに決まっています。忙しい日は簡単に、時間のあるときはちょっと頑張ってみる。それでいいのだと思います。

　家族の反応は気になるところですが、正直者のロマンははっきりと感想を教えてくれます。嫌いだと思って出したものが意外にもヒットしたこともあります。息子は食べられるものがどんどん増え、逆に好き嫌いもどんどん増え……一喜一憂の毎日です。そんなありふれた日常の物語が料理をより一層楽しく、記憶に残るものに変えてくれる気がします。

　日記の中にはレシピには書ききれないポイントやコツもたくさんちりばめられています。料理で大切なことはレシピを忠実に再現することではなく、ポイントを押さえることだと私は思います。だって味覚はみんな違うのだし、家族構成や、材料も十人十色。カレーのじゃがいもが大好きならじゃがいもだけのカレーだっていいのです。大切なのはどうしたらそのカレーがおいしくなるかということ。この本がレシピにとらわれず、それぞれの家族の味を見つけるヒントになれば嬉しいです。

タサン志麻

2 はじめに

おさらいの日
8 「イワシとじゃがいものセロリ風味」

おうち de 喫茶店の日
10 「ミートソーススパゲティ」

残り物リメイクの日
12 「キーマカレー」

テレビに献立のヒントをもらった日
14 「けんちんうどん」

イワシにひとめぼれした日
16 「かば焼き丼」

帰りが遅くなってしまった日
18 「肉豆腐」

スタミナをつけたかった日
20 「にんにくスープ」

インスタントに甘えた日
22 「レモンラーメン」

野菜不足解消の日
24 「野菜たっぷりチンジャオロース風」

「おいしい」が聞きたい日
26 「タコライス」

初チャレンジの日
28 「ケバブ」

あると思ったらなかった日
30 「おもちでラザニア」

ちょっとだけヘルシーを気にしてみた日
32 「カツ煮定食」

彩り上手な日
34 「マナガツオの南蛮漬けピクルス風」

食べる楽しさを考えた日
36 「コロッケ」

フランスの友人が遊びに来た日
38 「手巻き寿司」

ピクニックの日
40 「バインミー」

母の味を思い出した日
42 「和風オムレツ」

おひとりさまの日
44 「アスパラボンゴレ」

ママンの日
46 「ズッキーニのポタージュ」

ふるさとの味が恋しくなった日
48 「モズクときゅうりの酢の物」

嫌いが好きに一歩近づいた日
50 「オクラの肉巻き」

ハワイ旅行を夢見た日
52 「ロコモコ丼」

さっぱりしたい日
54 「具だくさん冷やし中華」

バカンス気分を味わった日
56 「ムールフリッツ」

トマトがたくさん手に入った日 1
58 「トマトいっぱいパスタ」

レモンをたくさんもらった日
60 「レモンケーキ」

シンプル・イズ・ベストな日
62 「ステックフリッツ」

お気に入り調味料の日
64 「豚肉と野菜ハニーマスタード炒め」

手抜きを許した日
66 「海鮮丼」

好きなものアレンジの日
68 「納豆そばパスタ」

ちょっぴり豪華にしたい日
70 「ブイヤベース」

独り占めしたかった日
72 「タコのエスニック唐揚げ」

自分へのご褒美の日
74 「(辛くない)ヤムウンセン」

トマトがたくさん手に入った日 2
76 「トマトファルシ」

ロマンが作ってくれた日
78 「イタリア風マカロニグラタン」

好きなものを好きなだけの日
80 「手作りピザ」

「おかわり!」が聞けた日
82 「ミネストローネ風みそ汁」

ハーブの香りに包まれた日
84 「魚のソテー」

のんびりお休みの日
86 「ローストポーク」

作り置きの日
88 「野菜のピュレ」

冷蔵庫お掃除の日
90 「ホットサラダ」

甘いものが食べたい日
92 「タルトタタン」

父が育てたさつまいもが届いた日
94 「さつまいもごはん」

スパイシーな日
96 「タットリタン」

大切な友人とのホームパーティの日
98 「スペアリブとレンズ豆の煮込み」

風邪気味の日
100 「生姜たっぷりおじや」

体を温めたい日
102 「鍋焼きうどん」

骨付きチキンを発見した日
104 「ローストチキン」

おめでたい日
106 「ガレットデロワ」

108 おわりに
110 INDEX レシピ索引

おさらいの日
「イワシとじゃがいものセロリ風味」

イワシとディルの組み合わせは大好きだけど、ディルを常備している人はほとんどいないし、近くのスーパーで手に入らなかったりもする。今日はたまたまお客様の家でディルを発見し、イワシとじゃがいものソテーを作った。
このディルの代用にセロリが使えるかどうか、家に帰って試作してみた。こんな風に家にないものを身近なもので代用したり、使ったことのない調味料を試してみたり、塩の量や味の濃さを確認したり……と、家で作り直してみることが多い。
家庭の台所で作る楽しさは、レストランのそれとはまた違う。ディルとセロリはもちろん違うけど、同じようなさわやかな風味を出せることがわかった。また違う台所でセロリを使って作ることがあるかもしれない。

材料（2〜3人分）

　　じゃがいも　2個

　　カリフラワー　$\frac{1}{4}$個

　　イワシ（おろしたもの）　4〜5尾分

　　塩、胡椒　各適量

　　セロリ　$\frac{1}{2}$本

　　オリーブオイル　大さじ1

作り方

1　じゃがいもは洗ってラップに包み、600Wのレンジで5〜6分加熱する。

2　カリフラワーは小房に分ける。イワシは一口大にカットし、しっかりめに塩胡椒する。

3　フライパンにオリーブオイルをひき、イワシとカリフラワー、厚めに切ったじゃがいもを入れて焼く（フライパンに全部入らなければ、先に野菜、次にイワシという風に分けて焼く）。

4　仕上げに薄切りにしたセロリを入れてさっと炒め、軽く塩胡椒する。

5　皿に盛り、セロリの葉を刻んで散らす。

おうち de 喫茶店の日

「ミートソーススパゲティ」

ミートソースはみんな大好きなので作るときはたくさん（2〜3倍の量！）で作っておく。野菜も玉ねぎだけでもいいし、冷蔵庫に少し残ったしいたけやれんこん、干からびてしまったにんじんなども入れたりする。セロリ$\frac{1}{2}$本は上半分を使って、葉っぱは風味がつくので鍋に入れる。ついでに冷蔵庫に使いかけのねぎが残っていたので根っこの部分も入れよう。ほかにもパセリの軸やねぎの青い部分などももしあれば。セロリの上半分はみじん切りにして炒め物に入れたり、下半分は生で食べるサラダなどにしたりして一回で使い切らないときは上下を上手に使い分けるといい。

パスタは表示時間より1分短めにゆで、1人分につき大さじ2くらいのゆで汁、レードルいっぱいくらいのミートソースをフライパンに入れ、強火で煮からめると味がなじむ。パスタと混ぜないで上にかけるときは、オリーブオイルやバターなどでパスタに油分をからめておく。フランス人はバターをからめるのが好きな人が多い。

息子が小さいので胡椒は仕上げにお皿の上で挽く。私はチーズ好きなのでたっぷり、夫のロマンと息子は少しだけ。残ったミートソースは小分けにして冷凍しておけば、忙しい日にさっと作れる。

材料（2〜3人分）
- ひき肉　400g
- 玉ねぎ　½個
- にんにく　1かけ
- セロリ　½本
- トマト缶　1缶
- ケチャップ　大さじ2〜3
- タイム　一つまみ
- ローリエ　1枚
- オリーブオイル　大さじ1
- 塩、胡椒　各適量
- 赤ワイン　100cc
- コンソメ　1個
- セロリの葉、ねぎの根元など　適量
- 粉チーズ　適量

作り方
1. 鍋をコンロに置き、オリーブオイルを入れる。
2. 玉ねぎ、にんにくはみじん切り。切ったものから鍋に入れ、塩を一つまみ入れ、弱火にかける。
3. セロリをみじん切りにし、2に入れる。
4. しんなりしたら肉を入れ、軽く塩胡椒する。
5. 色が変わったら赤ワインを入れて強火にし、沸騰させてからトマト缶とケチャップを入れる。
6. トマト缶は水を少し入れて中を洗い、鍋に加える。セロリの葉、ねぎの根元などもあれば入れる。
7. コンソメ、タイム、ローリエを入れ、弱火で水分がほとんどなくなるまで30分程煮る。

残り物リメイクの日

「キーマカレー」

ミートソースを作るときはたくさん作って（肉1.5キロくらい！）ストックしておく。冷凍しておいたミートソースはランチでさっとパスタにしたり、ホワイトソースを作ってラザニアやムサカを作ったりする。

今日は息子も大好きなカレーにしよう。カレーの味は大好きだけど、少し刺激が強すぎるようで、ミートソースをベースにしたキーマカレーだと安心してたくさん食べてもらえる。カレー粉の量も豆の種類もお好みで。大人だけならピリッとスパイシーに、クミンやコリアンダーなどほかのスパイスを足してみたりもするけれど、子供と一緒に食べるならカレー粉はほんのり香る程度。ケチャップの甘さを足してみても食べやすいかもしれない。豆もひよこ豆よりやわらかいキドニービーンズを使う。目玉焼きをとろりと仕上げたいときは蓋はせず弱火でじっくり焼く。油を多めにひいて白身をカリカリにしてもいいし、ひたすら弱火でやわらかく仕上げても。ついでに付け合わせの野菜を一緒に焼けば一石二鳥。

材料（2〜3人分）
ミートソース（P.11参照）　2人分
キドニービーンズ、ひよこ豆、
　ミックスビーンズなど　お好みの量
カレー粉　小さじ¼
（ケチャップ　適量）
オリーブオイル　小さじ1＋大さじ1
ごはん　2膳分
卵　2個
ブロッコリー、芽キャベツなど
　お好みの野菜　お好みの量

作り方
1　フライパンにオリーブオイル小さじ1とカレー粉を入れ、弱火にかける。
2　香りが立ったらレンジで温めたミートソース、豆（お好みでケチャップ）を入れ、しっかり温まるまで熱する。
3　別のフライパンに大さじ1のオリーブオイルを入れて熱し、卵を割り入れる。弱火でじっくり焼く。卵の隣で野菜も焼く（野菜に水分がついていると油がはねるので注意！）。
4　皿にごはん、2、3を盛り付ける。

テレビに献立のヒントをもらった日

「けんちんうどん」

テレビで見たけんちん汁×うどんを作ってみる。

厚揚げや木綿豆腐、油揚げなどを入れてもいいし、野菜も冷蔵庫にあるもので。例えば夏ならズッキーニや仕上げにトマトを入れたり、秋ならキノコやかぼちゃ、冬なら白菜やかぶなどを入れてもいい。

肉も鶏肉、牛肉、ひき肉でもいいかもしれない。ポイントは息子も食べられるように、野菜をやわらかく煮ること。そのため同じいちょう切りでもにんじんは薄めに、里いもは厚めに切る。しいたけ、にんじん、大根は細いもの、もしくは細い部分を使うと仕上がりの大きさがそろいきれいに見える。

肉もやわらかいものを選ぶ。こま切れ肉よりバラ肉のスライス。しゃぶしゃぶ用のものがあればさらに薄くていい。野菜がやわらかくなったら、味を調え仕上げにさっと火を通すことで肉もやわらかく仕上がる。ただし最後は必ず沸騰させてアクを取ること。

材料（2〜3人分）
大根　1/8本
にんじん　1/4本
ごぼう　1/8本
里いも　2個
こんにゃく　小1個
しいたけ　小3個
豚バラ肉
　　（しゃぶしゃぶ用）250g
だしパック　1個
めんつゆ　適量
砂糖　お好みで
うどん　3玉
小ねぎ　適量

作り方
1　ごぼうをささがきにして水に浸しておく。
2　コンロに大きめの鍋をセット。大根、にんじん、里いもをいちょう切りにし、切ったものから鍋に入れていく。里いもは少し厚めに、にんじんは薄めに切る。こんにゃくは短冊に、しいたけは4つ割りに切る。
3　鍋にアク抜きしたごぼう、たっぷりの水（うどんのつゆになるのでしっかりかぶるくらい）、だしパック（うどんのつゆなのでうまみをプラス）を加え、火にかける。
4　野菜がやわらかくなったらめんつゆと砂糖で味を調える（うどんのつゆなので、けんちん汁より少し濃いめに）。肉を切って鍋に加え、さっと火を通す。
5　うどんをゆでて器に盛り、4をかけ、小口切りにした小ねぎをのせる。

イワシにひとめぼれした日
「かば焼き丼」

スーパーでおいしそうなイワシと目が合ったので、今日はイワシをたくさん買ってしまった。旬のときに旬のものを食べるのはいいこと。食材自体もとてもおいしそうな顔をしている。
晩ごはんまで時間があまりないので、今日はかば焼き丼にしよう。
焼き鳥のたれや、ウナギのたれは意外にたくさんのみりんや砂糖が入っている。この甘じょっぱさはフレンチにはあまりないおいしさだ。たれはみりんを多めに入れて、ウナギのたれっぽくしてみる。
息子にはほぐして小骨をきれいに取り除き、混ぜごはんにして出してあげるとパクパク食べてくれた。ウナギが大好きなロマンは小骨が気になると言いつつ気に入ってくれた様子。

材料（2〜3人分）
　イワシ　8尾
　みりん　大さじ4
　砂糖　小さじ2
　醤油　小さじ2
　小麦粉　適量
　刻みのり　適量
　大葉　3〜4枚
　ごはん　2膳分
　サラダ油　大さじ1

作り方
1　イワシは三枚におろし、小麦粉をつけて
　フライパンに油をひいて焼く。
2　両面焼けたらみりん、砂糖、醤油の順に
　入れ、からめる。
3　ごはんの上にイワシをのせ、フライパン
　に残ったたれをかける。刻みのりとみじ
　ん切りにした大葉をのせる。

帰りが遅くなってしまった日
「肉豆腐」

時間がないときのメニュー。豆腐が大好きな息子もよく食べてくれるし、作るのも簡単。
ポイントはあらかじめお肉をよく煮ておくこと。お肉の薄切りはさっと煮るだけにするか、反対にじっくり煮るとやわらかく食べられる。
ここでは淡白なお豆腐や白滝とのバランスをみて、お肉にはしっかりと味をしみこませたいので、あらかじめやわらかく煮ておく。
こんなにシンプルなレシピでも作る手順によって仕上がりが違うところが料理の面白さだ。ロマンは白滝が好きなので今日も2パック入れるのも忘れずに。

材料（2〜3人分）
　　木綿豆腐　1丁
　　牛薄切り肉　200g
　　白滝　1〜2パック
　　ねぎ　1本
　　酒　大さじ2
　　めんつゆ　適量（ボトルの表示を参考に）
　　砂糖　大さじ2〜3

作り方
1　鍋に材料が浸るくらいの水、酒、めんつ
　　ゆ、砂糖を入れ火にかける。沸いたら一
　　口大に切った牛肉、斜めに切ったねぎを
　　入れ、15分煮る。
2　肉を端によせて、大きめの角切りにした
　　豆腐とざく切りにした白滝を入れ、10
　　分煮る。

スタミナをつけたかった日
「にんにくスープ」

あ〜今週も疲れたなぁというときにはスタミナのつくものが食べたくなる。例えばにんにく。でもにんにくって炒め物や煮込みに使ったりするくらいかもしれない。

今日はそのにんにくを主役にしよう！ 2人分で4かけ入れてみたけど全然臭くない。ポイントはじっくり炒めることで玉ねぎやにんにくの甘みを引き出し、じゃがいもや粉チーズでやわらかな味わいにすること。ロマンはにんにくの存在に気がついていないようで「うまい！」と言いながら食べていた。試しに息子にもあげてみたら「おいしー！」と言って食べている。

にんにくは疲れたときの特効薬だけど、私にとっては家族の「おいしい」の笑顔が一番の元気の源かもしれない。

材料（2〜3人分）
　　にんにく　2〜4かけ
　　玉ねぎ　1個
　　じゃがいも　2個
　　コンソメ　1個
　　オリーブオイル　大さじ1
　　小ねぎ　適量
　　粉チーズ　適量
　　塩、胡椒　各適量

作り方
1　鍋にオリーブオイルをひく。
2　玉ねぎ、にんにくは薄切りにして鍋に入れ、
　　塩をひとふりして弱火でじっくり炒める。
3　炒めている間にじゃがいもの皮をむき、
　　1.5cm程度の厚さに切る。
4　玉ねぎがしんなりして甘みが出たらしっ
　　かりかぶるくらいの水、コンソメを入れ、
　　コトコト煮る（火が強すぎると煮崩れる
　　ので注意！）。
5　じゃがいもがやわらかくなったら味をみ
　　て塩、胡椒で調え、皿に盛る。粉チーズ、
　　胡椒をふり、小口切りにした小ねぎをの
　　せる。

インスタントに甘えた日

「レモンラーメン」

たまにインスタントラーメンが食べたくなる。一人で家で仕事をする日のランチとか、家に何もなくて、買い物に行くのも億劫なとき、インスタントラーメンは便利。だけど、そのままではちょっぴり忍びなかったりする。

いつもは麺をゆでるときに一緒に野菜をゆでたりするのだけど、今日はレモンがあるのでレモンラーメンにしよう。私は酸っぱいものが大好きだから、多めに絞る。レモンの酸味とスープがトムヤムクンのようなイメージで、パクチーもよく合う。カロリーは変わらないはずなのに、少し手を加えるだけで体にも、心にもいいような気がしてくる。日本のインスタントラーメンは種類も豊富でレベルも高いので、フランスに住む友人にお土産に頼まれることもある。

おいしく作るポイントは麺をゆですぎないこと。器に盛ってからもどんどん熱が入っていくのでちょっとかたいかなというくらいで火を止める。

材料（1人分）
 インスタントラーメン（醬油味）　1袋
 レモン　1/2個
 パクチー　お好みの量
 白ねぎ　3cm
 黒胡椒　適量

作り方
1　袋の表示どおりにラーメンを作り始める。
2　麺をゆでている間にパクチーをざく切りにし、ねぎは小口切りに。ボウルに入れてさっと水にさらし、ざるで水を切る。
3　レモンは4〜5枚を薄切りにし、残りは粉末スープを入れたあと、鍋に絞る。
4　器に麺とスープを入れてレモンを並べ、パクチーとねぎをのせ、黒胡椒をふる。

野菜不足解消の日

「野菜たっぷりチンジャオロース風」

チンジャオロースは切るのがめんどうくさい。家で作るときは大きさや材料にはこだわらず、野菜炒めのように作ってしまう。

鶏むね肉は繊維を断ち切るように切るとやわらかくなる。塩胡椒は肉にしっかりしておくと、仕上げに入れるオイスターソースの量が減り、すっきりした仕上がりになる。

野菜や肉の形はさまざまで、形をそろえて切るということはなかなか難しいけれど、長さだけでも意識してそろえるように切ると仕上がりの美しさがだいぶ違う。今回はもやしが入っていて、もやしの大きさは変えられないので、もやしくらいの長さで切ってみる。

鶏肉も、ピーマンもパプリカも全部厚みが違うけど、切りそろえられた雰囲気になる。切り方一つで料理は変わる。しゃっきり炒めた野菜はいくらでも食べることができる。冷蔵庫にちょっと余ってしまった野菜などもこっそり忍ばせて、たっぷり野菜を食べて、日々の野菜不足を解消しよう。

材料（2〜3人分）
鶏むね肉　1枚
もやし　　1袋
パプリカ（赤、黄）　各1/2個
ピーマン　2個
塩、胡椒　各適量
にんにく　1かけ
生姜スライス　2〜3枚
片栗粉　大さじ1
サラダ油　大さじ1
ごま油　大さじ1
オイスターソース　小さじ1

作り方
1　鶏むね肉は繊維に対して直角になるように切り、塩、胡椒でしっかりめに味をつけておく。

2　野菜の大きさをそろえて切る。
3　フライパンに油をひき、強火で野菜をさっと炒め（ピーマンはほかの野菜が炒まってきたところで入れる）、ざるにあげる。
4　フライパンにごま油をひき、片栗粉をまぶした肉を炒め（厚みがあるので弱火で）、にんにく、みじん切りにした生姜を入れ、香りが立つまで炒める。
5　野菜を戻し入れ、オイスターソースをまわし入れてからめる。

「おいしい」が聞きたい日
「タコライス」

ロマンは食べ終わったあと、必ず感想を言ってくれる。「ありがと～おいしかった～」とか「これ好き～」とか大抵は褒めてくれるのだけど「ちょっと味が薄かった」とか「前の方がおいしかった」とか正直に感想を言う。だからロマンの好みはよくわかっている。

息子はまだ感想を言える年齢ではないけれど、食いしん坊らしく「うまい」とか「おいし」という言葉を真っ先に覚えて、ごはんの支度ができるとすぐに飛んできて椅子に座って待っている。気分もあるのだと思うが、いつまでもテーブルに残って食べるときとすぐに食べるのをやめてしまうときがあるので好き嫌いがわかりやすい。ごちそうさまをしたあとは手を洗いに行き、「メルシー（ありがとう）」とビズ（キス）をしに私のところによって来る。

今日はそんな二人の大好きなメニューの一つでもあるタコライス。肉の味を濃いめにつけておくと、ごはんや野菜とのバランスがいい。ごはんとそれぞれの具のバランスはお好みで。

今日も二人の「おいしい」が聞けそうだ。

材料（2～3人分）
合いびき肉　300g
玉ねぎ　½個
ケチャップ　大さじ2～3
塩、胡椒　各適量
サラダ油　適量
チリパウダー　適量
レタス　½個（お好みの量でOK）
トマト　1個（お好みの量でOK）
ピザ用チーズ　お好みの量
ごはん　2膳分

作り方
1　フライパンを弱火にかけて油をひき、みじん切りにした玉ねぎを炒め、しんなりしたらひき肉を入れる。
2　肉の色が変わったら塩、胡椒、ケチャップ、チリパウダーを入れ、味を調える。
3　レタスは太めの千切り、トマトは角切りにする。
4　熱々のごはんを皿に盛り、レタス、2、トマト、チーズの順に盛る。

初チャレンジの日

「ケバブ」

ケバブは大好きで、見つけるとよく食べるのだけど、なかなかおいしい
ケバブに出会えないので、今日は初めて家で作ってみることにした。
お肉は手に入りやすい鶏肉と、豚肉にした。スパイスをたっぷりふりか
けてやわらかく焼く。息子のために、胡椒や唐辛子などはあとで足せる
ように、タバスコやサルサソースを用意しておいた。冷凍庫にタコライ
スのお肉が残っているからそれも解凍してタコスにもできる。アボカド
やトマトなども買えばよかった。
ピタパンを買えず、トルティーヤにしたが息子にはトルティーヤだと食
べにくいので、タイ米をゆでて鶏肉と一緒にケバブライスにすると食べ
てくれた。もう少しスパイスがきいていてもよかったなと思う。スパイ
スがないときはカレー粉でもおいしいかもしれない。
テーブルの真ん中に置いて、手巻き寿司のように好きなものを自分で選
んで食べる。ロマンは肉をたくさん取りすぎて私に怒られる。いつもよ
りにぎやかな食卓になる。こんな晩ごはんが大好き。

材料（2〜3人分）
鶏もも肉　2枚
豚ロース塊肉　400g
にんにく　2かけ
クミンパウダー　小さじ1
チリパウダー　大さじ1
コリアンダーパウダー　小さじ1
塩、胡椒　各適量
サラダ油　適量
マヨネーズ　大さじ2
ケチャップ　大さじ1
タコライスのひき肉の残り（P.26参照）
　お好みで
トルティーヤ　1パック
タバスコ、サルサソースなど　お好みで
キャベツ、赤玉ねぎ、パクチーなど
　お好みで
レモン　1個

作り方
1　鶏肉と豚肉にフォークで数か所穴をあけ、スパイス、すりおろしたにんにくをもみこんで、しっかりめに塩（胡椒）をし、別々に焼く。鶏肉はフライパンに軽く油をひき、皮面から弱火で焼いていく。豚肉もフライパン、または小さめの鍋に油をひき、両面に焼き色をつけたら蓋をして弱火で10〜15分蒸し焼きにする。
2　肉を焼いている間に野菜の準備をする。キャベツは千切り、赤玉ねぎは薄切り、レモンはざく切りにし、パクチーとともに皿に盛る。
3　鶏肉は焼けたら小さく切り、ケチャップとマヨネーズで味をつけて皿に盛る。
4　豚肉は5mm厚さに切り、皿に盛ってから鍋に残った焼き汁をかける。

29

あると思ったらなかった日
「おもちでラザニア」

近所のスーパーではラザニアを売っていないので、街にお出かけしたときに買いだめをしておくのだけれど、いざ使うときになってストックがなくなっていることに気がついた。

こんな状況は家政婦の仕事をしているときでもよくある。そんなときでも慌てずに代用できるものを探す。似たような食感のもの、今日のようにラザニアを使いたいときは同じ種類のものを探す。マカロニ、パスタ、ごはん、パン、おもち。どれも合わなくはない。

冷凍ごはんがあればドリアのようにしてもいいし、マカロニをさっとゆでてもよかったのだけど、今日は珍しくどちらもなかったのでおもちで代用することにした。

おもちでラザニアを作って食べることはこんなハプニングがないとなかなかできない。食べた感想はとろりとしてとてもおいしかった。だから買い忘れがあっても、失敗があっても、そこから一工夫してみるのはいいことだ。新しい発見がきっとある。

材料（2～3人分）
　　　ミートソース（P.11参照）　2人分
　　　もち　2～3個
　　　小麦粉　30g
　　　バター　30g
　　　牛乳　400cc
　　　ピザ用チーズ　適量

作り方
1　鍋を弱火にかけてバターを溶かし、小麦粉を入れる。
2　泡だて器で混ぜながら、牛乳を3～4回に分けて加え、ホワイトソースを作る。
3　グラタン皿にミートソース、薄く切ったもち、ホワイトソースを交互に入れて層にし、最後にチーズをかけて250度のオーブンで焼き色がつくまで焼く。

ちょっとだけヘルシーを気にしてみた日
「カツ煮定食」

調理師時代、シェフに連れて行ってもらっていた築地で朝ごはんを食べるのが楽しみだった。よく行く定食屋でカツ煮定食があり、たっぷりの千切りキャベツの上にカツを卵でとじたものがのっていた。
初めて見たときは生のキャベツの上に温かいものがのっかっていて気持ち悪いと思ったけれど、食べてみてそんな思いはどこかへ行ってしまった。だしがキャベツとからまり、重たいとんかつもするすると食べられる。シャキシャキしたキャベツの歯ごたえもいい。
カレーライスにもごはんを少なめにしてキャベツの千切りをのせるとヘルシーだし、おいしい。食いしん坊の私たちにダイエットは難しいけれど、たまにはカロリーを気にしたりもする。

材料（2〜3人分）
　　とんかつ（スーパーで買ったもの）　2枚
　　玉ねぎ　1個
　　しめじ　1パック
　　めんつゆ　適量
　　砂糖　適量
　　卵　3個
　　キャベツ　お好みの量

作り方
1　フライパンに水200cc、めんつゆ（量はメー
　　カーの目安に沿って）、砂糖（お好みで）、く
　　し形切りにした玉ねぎとほぐしたしめじを入れ
　　て火にかけ、中火で煮る。
2　玉ねぎがしんなりしたら一口大に切ったカツを
　　入れ、卵を準備し、カツが温まったら溶いた卵
　　を入れ、蓋をして弱火で火を通す。
3　皿に千切りにしたキャベツを盛り、2をのせる。

彩り上手な日
「マナガツオの南蛮漬けピクルス風」

ピクルスが大好きな息子に、魚も食べてほしかったので作った一品。

コリコリした食感と酸っぱいものが好きなのは私に似たのかもしれない。

南蛮漬けよりも野菜の歯触りがいいし、フレッシュ感がありよく食べて
くれた。

料理を彩りよく仕上げるために気をつけていることは、野菜の色を活か
すこと。緑ならきゅうり、ピーマン、ズッキーニ、レタス……白は玉
ねぎ、ねぎ、大根、かぶ……黄色はパプリカ、にんじん……赤はパプ
リカ、トマト、赤玉ねぎなど。

この赤玉ねぎは日持ちもするし、サラダなどにちょっと入れるだけで
ぐっと華やかになるので、スーパーで見かけると買っておく。規格外の
小さいサイズが入っているお徳用のにんじんや玉ねぎもよく使う。くし
形切りにしても、輪切りにしても小さい方がきれいに見える料理もある。

にんじんを輪切りにして煮込んだりするときは小さいものを選ぶ。

特別なものを買わなくてもちょっとした工夫で料理は美しくなる。

材料（2〜3人分）
マナガツオ　2切れ
きゅうり　1/2本
にんじん　1/4本
かぶ　1個
赤玉ねぎ　1/8個
パプリカ（赤、黄）
　　各1/4個
小麦粉　大さじ1
酢　150cc
砂糖　大さじ2
塩　小さじ1
タイム　一つまみ
ローリエ　1枚
唐辛子　1本（お好みで）
オリーブオイル　大さじ1

作り方
1　野菜を角切りにする。
2　鍋に水100cc、酢、塩、（お好みで胡椒）、砂糖、タイム、ローリエ、唐辛子を入れて沸かし、1の野菜を入れ、火を止める。
3　マナガツオは一口大に切り、塩胡椒（分量外）して小麦粉をつける。
4　フライパンにオリーブオイルをひき、3を中火で焼く。
5　火が通ったら2の鍋に入れ、マリネする。

食べる楽しさを考えた日

「コロッケ」

離乳食や幼児食に悩むお母さんは多い。本やネットでレシピはいろいろ
あるけれど、頑張って作っても子供は食べてくれなかったりする。子供
によって好き嫌いはそれぞれだし、離乳食の進み方もさまざま。
息子は1歳くらいまでは何でも食べてくれたのに、今は好き嫌いをはっ
きり主張できるようになった。今日はコロッケだったので、息子用には
揚げずに中身をおかずとして用意した。揚げ物は油っこいかなという母
の想いをよそに、息子は揚げたコロッケの方が気に入ったようだ。
栄養のバランスはもちろん大切だけど、今はとにかく「楽しく食べる」
ということを教えたい。親が子供と同じものを食べて「おいしいね」と
言ってあげれば、子供も食べることが楽しくなるはず。

材料（2〜3人分）
じゃがいも　3個
玉ねぎ　½個
ひき肉　200g
卵　1〜2個
小麦粉　適量
パン粉　適量
サラダ油　大さじ4
塩、胡椒　各適量
砂糖　適量

作り方
1　じゃがいもは洗ってラップでくるみ、レ
　　ンジ（600Wで6分程度）で熱を通す。
2　フライパンに油（大さじ1）をひき、み
　　じん切りにした玉ねぎ、ひき肉を炒め、
　　塩、胡椒、砂糖でしっかりめに味をつけ
　　る。
3　ボウルに2を入れ、1をスプーンでつぶ
　　して入れる。
4　子供用に取り分け、残りは丸く整形し、
　　小麦粉、溶いた卵、パン粉の順に衣をつ
　　ける。フライパンに油（大さじ3）をひき、
　　揚げ焼きにする。

37

フランスの友人が遊びに来た日
「手巻き寿司」

うちには外国人のお客さんもよく来る。そんなとき、フランス料理でもてなすか、和食を作るべきか迷うところだけど、手巻き寿司は自分で好きなものを巻いて好きなように食べられるし、準備が少なくていいので簡単だ。

サーモンとマグロは柵(さく)で買って、棒状に切る。あとはツナマヨ、納豆、かにかま、厚焼き卵、きゅうりなど好きな具材を大皿に盛って、のりと、すし飯を用意するだけ。

フランス人は醬油を用意しても使わない人が多い。素材の味を楽しみたいからだそうだ。一番人気の具はサーモンで、その次がツナマヨ。一番人気がないのは納豆。ほんのり甘い厚焼き卵も好きな人が多い。

材料
　　サーモン
　　マグロ
　　厚焼き卵
　　すし飯
　　のり
　　きゅうり
　　かにかま
　　ツナ
　　マヨネーズ
　　大葉
　　赤玉ねぎ
　　納豆
　　小ねぎ　すべて適量

作り方
1　魚、卵、きゅうりは棒状に切り、赤玉ね
　　ぎは薄切りにする。
2　ツナはマヨネーズと混ぜる。
3　納豆は付属のたれを入れてよく混ぜ、小
　　ねぎを散らす。

ピクニックの日

「バインミー」

バインミーを初めて食べる前までは、ニョクナム風味のなますとバゲットが合うなんてイメージできなかった。食べてみると何の違和感もなく野菜のシャキシャキした歯ごたえと、ほんのり香るニョクナム、レモンの風味がさわやか。

それ以来、よく買って食べるようになったのだけど、今日は休日。天気もいいので近くの公園にサンドイッチを持って出かけようということになった。

冷蔵庫にローストポークが残っている。にんじんと大根もあったのでロマンにバゲットとパクチーを買ってきてもらってバインミーにしよう。お肉はハムでもベーコンでも、今日のようにローストポークやチキンソテー、レバーパテなどあるものや準備できるものならなんでもいいし、なますはニョクナムがなければナンプラー、なければお醤油や塩でもいいので砂糖、レモンをしっかりきかせて味を濃いめにつけておくとバゲットと一緒に食べたときにちょうどいい。

材料（2〜3人分）
バゲット　1本
にんじん　1/4本
大根　1/8本
塩　適量
砂糖　適量
ナンプラー　大さじ1
レモン汁　1/4個分
ローストポークの薄切り　6切れ
（チキンソテーなどでも代用可）
パクチー　お好みの量
赤玉ねぎ　1/4個
きゅうり　1本

作り方
1　にんじんと大根は千切りにし、軽く塩をしてもみ込み、砂糖、レモン汁、ナンプラーでマリネしておく。
2　赤玉ねぎ、きゅうりは薄切りにする。
3　バゲットを半分に切り、切り込みを入れオーブンまたはトースターで軽く温める。
4　にんじんと大根のマリネ、ローストポーク、パクチー、赤玉ねぎ、きゅうりをバゲットに挟む。

母の味を思い出した日
「和風オムレツ」

母が作るオムレツは和風だった。肉じゃががオムレツになったようなこのオムレツが大好きで、調理師になって初めて作った賄で自信たっぷりに作ったら、先輩からこんなアレンジしたものじゃなくオーソドックスなものを作った方がいいと怒られたことがある。
そんな苦い思い出のオムレツ。そして母を思い出す懐かしいオムレツでもある。材料は冷蔵庫に残っているものや、好きな野菜で代用してもいいし、味付けもだしではなくコンソメで煮てベーコンやソーセージを入れてもいい。スープがあるのでたっぷりの野菜をたくさん食べることができる。

材料 (2〜3人分)
　　玉ねぎ　1個
　　にんじん　¼本
　　じゃがいも　2個
　　鶏こま切れ肉　200g
　　卵　2個
　　小ねぎ　適量
　　だしパック　1個
　　めんつゆ　適量
　　砂糖　適量
　　サラダ油　小さじ1

作り方
1　玉ねぎ、にんじん、じゃがいも、鶏肉を
　　小さい角切りにして鍋に入れ、だしパッ
　　ク、しっかりかぶるくらいの水を入れて
　　強火にかける。
2　沸いたら弱火にしてやわらかくなるまで
　　(15〜20分)煮る。
3　めんつゆと砂糖で味を調える。
4　卵を1個ずつよく溶き、小さいフライパ
　　ンに油を薄くひく。薄焼き卵を作り、2
　　をくるんで皿に盛る。
5　飾り用の具とスープをかけ、小口切りに
　　した小ねぎを散らす。お好みでパセリで
　　もいい。

おひとりさまの日
「アスパラボンゴレ」

フランス人のロマンは貝といえばアサリよりもムール貝をイメージするようだけど、ここ日本では手軽にムール貝を買うことができない。
反対にアサリなら近所のスーパーで買うことができるし、貝の煮汁と白ワインのフルーティーな酸味が合わさったうまみはとってもおいしい。
パスタは大好きで一人でお昼を食べるときなどよく作るのだけど、めんどくさがり屋の私は別にサラダを用意するのではなく、パスタと一緒に野菜をゆでてしまいます。春先ならアスパラや豆類、冬なら青梗菜など、季節の野菜をたっぷり入れて。野菜はゆですぎず、歯ごたえが残るくらいにさっとゆでると重たくならず、さらっと食べられる。おひとりさまは簡単が一番。

材料（1人分）

パスタ　80g

にんにく　1かけ

アサリ　150g

アスパラ　3〜4本

オリーブオイル　大さじ1

白ワイン（なければゆで汁）　45cc

塩　適量

胡椒　少々

作り方

1　アサリは事前に砂抜きしてよく洗い、ざるにあげておく。オイル系のパスタは同時進行で。湯を沸かしている間にフライパンにオリーブオイル、半割りにしてつぶしたにんにくを入れて弱火にかける。アスパラの皮をむき、斜めに切る。湯が沸いたら、飲んでおいしいと思う程度の塩を入れ、パスタをゆでる。

2　にんにくの香りが立ち、油がぷくぷく泡立ってきたらアサリ、白ワインを入れ、蓋をして強火にかける。

3　アサリの口が開いたら火を止める。パスタの鍋に表示時間の2分前にアスパラを加え、大さじ3くらいのゆで汁をとっておく。1分前にざるにあげる。

4　アサリのフライパンを強火にかけ、ゆで汁を加えて軽く煮詰めてからパスタを加え、ソースにからめながら煮詰めていく。味見をして、塩、胡椒で味を調える。

ママンの日

「ズッキーニのポタージュ」

夏になるとスーパーでズッキーニが安く買える。おみそ汁に入れてもみずみずしくておいしいけれど、洋食に合うポタージュもおいしい。

このレシピはロマンのママン、イザベルから直々に教わったもの。もちろんロマンの大好物。きっと息子も好きに違いない！と思って作ったらやわらかい食感が苦手な息子は一口しか食べてくれなかった。

ポタージュは重たいイメージのものが多いけど、これは違う。まず油は一切使わないのでヘルシーだし、色が飛ばないように蓋をして蒸し煮にしながら強めの火でさっと火を通すと、ズッキーニのきれいな緑色が鮮やかなまま仕上げることができる。コクが足らなければクリームチーズを溶かしてコクを出す。生クリームを使うより風味がいい。

私はさらっとのばしたものが好きだけど、ロマンはぼってりしている方が好き。今日は軽めに仕上げたかったのでコンソメは入れなかったけど十分おいしかった。牛乳を足す前にしっかり味をつけておくのがポイント。鍋いっぱいに作ったのに、結局ロマンが全部食べてしまった。

材料（2〜3人分）
ズッキーニ　3本
玉ねぎ　1個
牛乳　適量
クリームチーズ
（今回は kiri チーズ）
　2〜3個
塩、胡椒　各少々

作り方
1　コンロに鍋をセットし、玉ねぎとズッキーニを薄切りにして入れ、大さじ1の水、一つまみの塩を入れたら蓋をして弱火にかける。
2　温まってきたら中火でときどき混ぜながら蒸し煮にする。だんだんズッキーニと玉ねぎから水分が出てくる。ズッキーニにしっかり味がついているか味見する（ちょっと濃いと思うくらい）。足らなければ塩を足す。
3　ズッキーニがほろりと崩れるくらいやわらかくなったら（10分くらい）ハンドミキサーをなめらかになるまで回し、牛乳を好みの濃さになるまで加える。
4　お好みで胡椒、クリームチーズを加えて出来上がり。

ふるさとの味が恋しくなった日

「モズクときゅうりの酢の物」

山口に住む両親から荷物が届いた。

鮮魚はもちろん蒲鉾や干物など海の幸が豊富な日本海の近くで育った私は、たまに故郷の味が恋しくなる。あまり頻繁に実家に帰れない私たちのために、両親が時々送ってくれるのだ。

母はロマンも息子もねばねばが嫌いなことを知っているからか、モズクの酢漬けは私用に２パックだけ。味見をしたら結構酢がきいていて酸っぱかったので、きゅうりの塩もみとせっかくなのでアジの干物も焼いて入れてみる。なければサバ缶やツナでもいい。

酸味を抑えるには甘さやうまみをプラスするといい。モズクならりんごや梨、すいかなどの組み合わせでもいいかもしれない。食感や味にアクセントがあると料理はぐっとおいしくなる。モズクのつるっとした食感とシャキシャキのきゅうり、それにうまみたっぷりのアジの干物がしっとりとして、とても楽しい味になった。

材料（2～3人分）
    モズク（味付き）　1パック
    きゅうり　1本
    アジの干物　1枚
    生姜スライス　2枚
    塩　少々

作り方
1　アジの干物は焼いてほぐす。
2　きゅうりは薄切りにし、塩をしてもみ、絞る。
3　1と2、モズク、細切りにした生姜を混ぜ合わせる。

嫌いが好きに一歩近づいた日

「オクラの肉巻き」

ねばねばが嫌いなロマンだけど、オクラを食べてもらいたくて、ロマンの好きな牛肉で肉巻きを作ってみた。一緒に入れる野菜は歯ごたえがあるように厚めの細切りにしたにんじんとシャキシャキ食感のもやし。もしも食べられなかったときのために、お皿には大きくちぎったレタスとマヨネーズを添えてレタスで巻いてもいいようにしておこう。

オクラを見たロマンが「うわあー」と嫌そうな顔をしている。いやいや口に入れたけど、歯ごたえのあるにんじんともやしのおかげで嫌なねばねば感が薄れていると言って食べてくれた。

嫌いなものを食べてもらうには努力が必要だけど、食感、見た目、味など何が嫌いかを聞いてみる。味が嫌いなら強い風味のものと組み合わせたり、食感なら歯ごたえの違うものと組み合わせてみたり。

息子はもっとめざとくて、頑張っても負けてしまうことが多いけど、保育園では残さず食べているようなので、こちらもゲームのような感覚で楽しんで作っている。

材料（2〜3人分）
牛薄切り肉　250g
オクラ　8本
にんじん　1/3本
もやし　1/4パック
小麦粉　大さじ1
サラダ油　大さじ1
みりん　大さじ1
砂糖　小さじ1
醬油　大さじ1
レタス　お好みの量
ミニトマト　お好みの量
マヨネーズ　お好みの量

作り方
1　オクラは塩もみし、さっとゆでる。
2　にんじんは0.5cmくらいの細切りにする。
3　牛肉を広げ、にんじん、もやし、オクラをのせて巻く。
4　3に小麦粉をまぶし、油をひいたフライパンで焼き、調味料を入れてからめる。

ハワイ旅行を夢見た日

「ロコモコ丼」

子供ができてからは外出も外食も少なくなったので、家でもできるだけいろんな国の料理を作るようにしている。もともとフランス以外は旅行もあまりしたことがないのだけど、旅行の一番の楽しみはやっぱり食なのだ。

今日はまだ行ったことのないハワイを思い浮かべてロコモコ丼を作る。冷凍庫にハンバーグが残っている。私もロマンもアボカドがそんなに好きではないので、トマトやきゅうり、赤玉ねぎと混ぜて食べやすいようにした。

外国の料理を作るときは現地の人が作ったものを必ずチェックするようにしている。大抵のものはざっくり作られているものが多い。でもそれがおいしそうに見える。手に入りにくい材料は身近で買えるもので代用したり、味を自分好みに変えていけばいい。日本で当たり前のように食べられている外国の料理も現地のものとはかなり違うということも少なくない。

いつか現地のロコモコ丼を食べてみたいな。

材料(2〜3人分)
ハンバーグ 2個
アボカド 1個
トマト 1個
赤玉ねぎ 1/2個
きゅうり 1本
レモン汁 1/4個分
塩、胡椒 各適量
オリーブオイル 大さじ2
卵 2個
ごはん 2膳分

作り方
1 ハンバーグ(冷凍しておいたもの)をレンジで温める。
2 野菜はすべて角切りにし、レモン汁、塩、胡椒、オリーブオイル(大さじ1)で味をつける。
3 フライパンにオリーブオイル(大さじ1)をひき、目玉焼きを作る。
4 皿に盛り付ける。

さっぱりしたい日

「具だくさん冷やし中華」

我が家では和食でも中華でも、ど〜んと出せるものは大皿に盛って取り分けることが多い。フランスでは当たり前の出し方だけど、実はいいことがたくさんある。まず一つずつ盛り付けなくていい。洗い物が少ない。好きなものを好きなだけ食べられる。などなど。

そして子供の食育にもいいと私は思っている。子供は自分で食べられる分だけを盛り付けることができる。フランスでは自分で取って残すと、親から思いっきり怒られるのだけど、子供にだって体調や気分によってたくさん食べられない日もあるだろう。こうやって食事のときにも自分のことは自分で決められるようにトレーニングをしているのだ。

今日は冷やし中華。我が家の冷やし中華は具だくさん。麺を全部食べ終わっても残ったスープで野菜をたっぷり食べることができる。薄く輪切りにした玉ねぎはスーパーのお徳用の小さいサイズのものを使うと形が活かせてかわいい。

材料(2〜3人分)
冷やし中華の麺 3食分
ささみ 4〜5本
卵 2個
塩 適量
砂糖 適量
レタス
スプラウト
もやし
玉ねぎ
きゅうり
トマト
ハム
レモン
大葉
わかめ 各具材はお好みで各適量

作り方
1 ささみは塩と砂糖をすりこみ、沸騰したたっぷりの湯に入れて火を止め、そのまま蓋をして余熱で火を通す。冷めたらほぐす。
2 卵は錦糸卵にする。
3 もやしはさっとゆでる。
4 そのほかの野菜、ハム、わかめは薄切り、細切りなど食べやすい大きさに切って盛り付ける。
5 麺は表示通りにゆで、水で洗い、しっかり水を切る。

バカンス気分を味わった日

「ムールフリッツ」

日本では生のムール貝が簡単に買えないのが残念。フランスに行ったら必ず食べるものの一つにムールフリッツがある。バケツいっぱいに入ったムール貝の白ワイン蒸しに、山盛りのフライドポテト。テラスで風にあたりながら食べたら最高だけど、そんなにしょっちゅうフランスに行けるわけでもないし、我が家は築60年の古民家で、近所のスーパーでムール貝が売っているのを見たことがない。

バカンス気分だけでも味わうために大型スーパーや、コストコなどに行ったときに冷凍のムールを買っておく。いつもは殻付きのものを買うのだけど、今日は殻がついていないものしか見つけられなかった。本当なら1個ずつ殻から外しながら食べた方がおいしいのだけど。冷凍のムールは値段も手ごろで、温めるだけ。でもひと手間かけてにんにくと白ワインの風味を生のムールを使うときのようにプラスしてあげるといい。

仕上げの香りづけに玉ねぎのみじん切りと、あればパセリのみじん切りもひとふりすれば、冷凍のムールとは思えないほど（生のものにはかなわないけれど！）。

材料（2～3人分）
　　冷凍のムール貝　1パック
　　冷凍のフライドポテト　お好みの量
　　にんにく　1かけ
　　唐辛子　1本
　　玉ねぎのみじん切り　一つまみ
　　オリーブオイル　大さじ1
　　白ワイン　100cc

作り方
1　ポテトをオーブンに入れ、表示通りに熱する。
2　フライパンにオリーブオイル、半割りにしてつぶしたにんにく、唐辛子を入れ、弱火にかける。
3　にんにくの香りが立ってきたら凍ったままのムール貝、白ワインを加えて蓋をし、しっかり温まるまで2～3分火にかける。最後に玉ねぎを加える。

トマトがたくさん手に入った日 1
「トマトいっぱいパスタ」

トマトが大好きな私はピザもパスタもトマトソースをつい選んでしまう。今日は近所の八百屋さんでトマトが安かったのでケース買いしてしまった。トマトをじっくり煮込んでストックしておいてもいいのだけど、時間がないのであらごしトマトを使おう。トマトソースはフレッシュのトマトだけで作る場合はしっかり煮込まないと水っぽくなる。トマト缶を使うと濃厚だけどつぶすのがめんどくさい。あらごしトマトのパックを使えばさっと煮るだけだし、今日はトマトがたくさんあるから生のトマトも足してフレッシュ感のあるソースにしよう。
シンプルなパスタは油と水分の量がポイント。油が少ないとパスタが水を吸ってもそもそするし、水分が少ないと口あたりが悪くなる。トマトは水分が多いのでしっかりめに塩をしてあげるとうまみが引き立つ。

材料（2〜3人分）
　　あらごしトマト　1パック
　　にんにく　1かけ
　　オリーブオイル　大さじ4
　　トマト　3個
　　塩、胡椒　各適量
　　パスタ　160g

作り方
1　大きい鍋にたっぷりの水、塩適量を入れ（塩の
　　量はお吸い物程度。おいしいと思うくらいの塩
　　加減で！）、火にかける。湯を沸かしている間
　　にソースを作る。鍋にオリーブオイル、半割り
　　にしてつぶしたにんにくを入れ、弱火にかける
　　（焦がすと臭くなるので注意！）。
2　にんにくの香りが立ち、油がぷくぷく泡立って
　　きたらあらごしトマト、塩二つまみくらいを入
　　れ、軽く沸騰するくらいの弱火で5分煮る。煮
　　えたら、ざく切りにしたトマトも入れ、さらに
　　5分煮る。味をみて少し濃いめの味になるよう
　　に塩、胡椒で調える。
3　湯が沸いたらパスタがゆで上がる表示時間の1
　　分前に100ccくらいのゆで汁をとっておき、
　　ざるにあげる。ゆでた鍋にパスタを戻し、先ほ
　　どとっておいたゆで汁、2のトマトソースを加
　　え、強火でからめながら煮詰めていく。水っぽ
　　さがなくなってソースがからむようになったら
　　皿に盛ってお好みで胡椒をふる。

レモンをたくさんもらった日
「レモンケーキ」

フランスの義理の妹や姪たちがママンと一緒にお菓子を作る姿を SNS でよく見る。私も幼いときから母と一緒にお菓子を作るのが大好きだった。子供と一緒に作るお菓子はシンプルなものが一番。

フランスにはキャトルキャールといって「$\frac{1}{4}$が4つ」という意味のお菓子がある。いわゆるパウンドケーキなのだけど、小麦粉、卵、砂糖、バターを$\frac{1}{4}$ずつ配合したケーキなのでこんな名前がついている。フランスのアニメを見ていると、小さい男の子がぶつぶつレシピを口ずさみながら一人でお菓子を作っているシーンがよく出てくる。こんなにシンプルなレシピだったら絶対子供にも覚えやすくて楽しいはず。私も家では子供と一緒に作れるような、簡単なものを作ることが多い。はかりの上にボウルを置いて、全部の材料を量りながら入れて混ぜるだけ。

息子ももう2歳なので最近はお手伝いをしたがっている。早く一緒に作りたいな。

材料 (2〜3人分)
　　ホットケーキミックス　150g
　　レモン汁　30g
　　バター　60g
　　はちみつ　30g
　　卵　1個

作り方
1　レンジまたは鍋でバターを溶かす。
2　ボウルにホットケーキミックスを入れ、残りの材料を全部入れてさっくり混ぜ、型に入れる。お好みで輪切りにしたレモン(分量外)をのせる。
3　180度に予熱したオーブンで30〜40分焼き、粗熱が取れたらはちみつ(分量外)を塗る。

シンプル・イズ・ベストな日
「ステックフリッツ」

フライドポテトは好きな人が多いけど、わざわざ自分で作ることはあまりないかもしれない。フランスに行くと肉料理の付け合わせでフライドポテトはよく出てくるし、家庭でもよく作る。揚げ物はなるべくしたくないけど、手作りのフライドポテトが食べたくなり久しぶりに作ってみた。

ファーストフード店の細いフライドポテトもおいしいけれど、家で作るときは太めの棒状に切っても甘くておいしい。その甘さを出すために低温で下揚げする。仕上げはカリッと高温で。

焼いた肉に揚げただけのポテトだなんて、日本料理に比べたらびっくりするくらいシンプル。でも飽きずに食べられて大満足の一品。こんな簡単な家庭料理が日本にももっと広まればいいのになぁと思う。

材料（2〜3人分）
牛ステーキ肉　2枚
じゃがいも　2〜3個
サラダ油　適量
塩、胡椒　各適量
（マスタード　適量）

作り方
1　肉は30分以上室温においておく。じゃがいもは皮をむき、太めの棒状に切って水につけておく。
2　じゃがいもの水を切って鍋に入れ、かぶるくらいの油（またはオリーブオイル）を入れ、中火にかける。ぷつぷつしてきたら弱火にしてやわらかくなるまで火を通し、ざるにあげる。次は高温で二度揚げし、カリッと揚げる。
3　強火でグリル板またはフライパンを熱している間に肉に塩胡椒をする。煙が出てきたら肉を置き1分焼く。ひっくり返して反対も強火のまま1分焼き、アルミホイルにくるんで休ませる（レアの焼き方）。
4　皿に肉をのせ、上からポテトをたっぷり盛る。マスタードをつけながら食べてもよい。

お気に入り調味料の日

「豚肉と野菜ハニーマスタード炒め」

仕事でお客様の家に行くと、マスタードがある家が意外に少ないことに気づく。マスタードはからしよりも辛みがやわらかいし、火を通せば香りだけが残るので子供でも食べられる。焼いた肉につけてソース代わりにしてもいいし、炒めたり、和えたり、煮込み料理の隠し味にだってなる。

私は粒マスタードと黄色いマスタード、どちらも常備しているけれど、使い方はどちらも同じように使えるし、好きな方を常備しておくといいと思う。いつもの味に飽きたらマスタードをひとさじ入れるだけで風味がプラスされる。

今日は冷蔵庫に余っている野菜を炒め物にしよう。水分の多い野菜は大きめに切って焼き付けるようにして焼く。火加減は中火から強火。動かさず焼き色をつけると香ばしく、口に入れるとじゅわっとみずみずしく仕上がる。

豚肉はかたくならないようさっと炒めて、塩胡椒は肉だけにしておく。こんがり焼けた野菜を戻し、ほんのりはちみつとマスタードの風味をまとわせる。ジューシーな野菜と、しっかり塩をした豚肉のメリハリのある味付けが食べ飽きず、最後の一口までおいしくさせる。

材料（2〜3人分）
豚こま切れ肉　250g
ズッキーニ　1本
かぶ　2個
パプリカ（赤、黄）　各1/2個
塩、胡椒　各適量
はちみつ　大さじ1
粒マスタード　大さじ1
オリーブオイル　適量

作り方
1　野菜は一口大に切り、オリーブオイルをひいたフライパンに入れ、中火で焼き色をつけるように焼く。
2　野菜が焼きあがったら一度取り出し、肉を炒め、塩胡椒する。
3　野菜を戻し、はちみつ、粒マスタードを入れ、からめる。

手抜きを許した日

「海鮮丼」

仕事で帰りが遅くなった日。簡単にできるものがないか考えながらスーパーに行く。

最近はお肉の日が続いているのでお魚コーナーに直行する。時間が遅いからか、お刺身のパックが安くなっていた。ロマンは生のお魚が好きなので、今日は海鮮丼にしようかな。ごはんは冷凍のストックがあるし、あとはおみそ汁を作ればいいだけだ。

仕事をしながら日々の献立を考えるのは大変だ。夕方になると今日は何を作ろうかと頭がいっぱいになってしまう人もいる。毎日一から作るのではなく、たまにはこんな風に買ってきたものを使って簡単に済ませてもいい。

材料（2～3人分）
お刺身の盛り合わせ　2人分
ごはん　2膳分
大葉　4枚
きゅうり　½本
卵焼き　4切れ
ねぎ　少々
のり　少々

作り方
1　どんぶりにごはんを盛り、大葉、お刺身、きゅうり、卵焼きを盛り付ける。
2　お刺身の盛り合わせに入っていたツマ、小口切りにしたねぎ、刻みのりをのせる。

好きなものアレンジの日

「納豆そばパスタ」

昔テレビの取材でロマンが「志麻さんの料理で一番好きなものは何ですか？」と聞かれて、「そば」と答えていた。そのくらいロマンはそばが大好きなのだ。フランスには冷たい麺を食べる習慣があまりないからか、冷たいそばやそうめんが好きなようで、温かいものはあまり食べようとしない。

そんなロマンのために今日はそばの新しい食べ方を教えてあげようと思う。ついでにロマンの嫌いな納豆にも挑戦してもらっちゃおう。そば粉やそばの実はヨーロッパでも食べられていて、オリーブオイルやベーコンなどの洋風の味と合わせても相性がいい。うどんやそうめんも同じく（塩分が入っている麺は味付けに気をつけて！）。

そばはパスタより早くゆであがるし、ヘルシーだし、栄養価も高いので忙しい日にはおすすめだ。

材料（2〜3人分）
そば　2束
にんにく　1かけ
オリーブオイル　大さじ2
唐辛子　1本
ベーコン　4枚
小松菜　1/2束
納豆　2パック
塩、胡椒　各適量

作り方
1　鍋にたっぷりの水、塩を入れ、湯を沸かす。空いているコンロにフライパンを置き、オリーブオイル、半割りにしてつぶしたにんにくと唐辛子を入れ、弱火にかける。
2　湯が沸いたらそばをゆでる。にんにくの香りが立ってきて油がぷくぷく泡立ってきたら短冊に切ったベーコン、ざっくり切った小松菜を入れ、ゆっくり炒める。
3　そばがゆであがる1分前に100ccくらいのゆで汁をとって、2に加え、強火にする。そばはざるにあげておく。水と油が乳化し白っぽくなりとろみがついてきたら、納豆、納豆のたれ、そばを加え、強火でからめながら煮詰めていく。
4　お好みで胡椒をふって皿に盛る。

ちょっぴり豪華にしたい日
「ブイヤベース」

スーパーに行くと新鮮な魚介類が安く売られていた。最近さっと作れる料理が続いたので、今日はちょっと豪華にブイヤベースを作ってみることにしよう。
見難しそうなブイヤベースも作ってみると意外と簡単に作ることができる。たくさんの材料を入れた方が味に広がりが出ていいのだけど、材料がそろわないときはあるもの。例えばサバ缶や塩サバ、アサリ、ロールイカなど、買いやすいもので代用すればいいし、逆にムール貝が珍しく売っていたとか、お父さんがタイを釣ってきたとかがあれば、そんな材料を使ってもいい。
野菜はにんにく、セロリは魚臭さを取ってくれるし、玉ねぎは深みを出してくれるので入れた方がいい。食べるときはにんにくの入ったマヨネーズをお好みで。大人はゆでたじゃがいも、息子はパスタ好きなので太麺のパスタを添えて。魚介のうまみたっぷりのスープがじゃがいもや麺にからみ、とってもおいしいのだ。

材料（2〜3人分）

魚介類

（今回はイサキ　小2尾、タ
ラ　2切れ、ホンビノス貝
1パック、スルメイカ　小3
はい、殻付きエビ　1パック、
ワタリガニ　小1はい）

トマト缶　1缶

白ワイン　150cc

だしパック　1個

タイム　一つまみ

ローリエ　1枚

にんにく　2〜3かけ

玉ねぎ　½個

セロリ　½本

オリーブオイル　大さじ1

塩、胡椒　各適量

にんにく入りマヨネーズ

┌卵黄　1個分
│塩、胡椒　各適量
│にんにく　1かけ
│レモン　¼個
└オリーブオイル　100cc

作り方

1　エビ、カニ、貝はさっと洗い、イカは内
　　臓を取って3〜4等分に切る。

2　鍋にオリーブオイル、すべて薄切りにし
　　たにんにく、玉ねぎとセロリを入れて弱
　　火にかけ、ゆっくり炒める。

3　野菜がしんなりしたら中火にし、エビ、
　　カニ、貝、イカを入れて焼き色をつける
　　ように炒める。

4　色がついたら白ワイン、トマト缶、水
　　500ccを入れて沸騰させ、だしパック、
　　タイム、ローリエを入れてコトコト沸き
　　立つくらいの火加減で煮る。

5　魚介類に火が通ったらボウルに取り出し、
　　筒切りにしたイサキ、半分に切ったタラ
　　を入れてさっと火を通し、取り出す。

6　魚介が入ったボウルにざるをかまして煮
　　汁を漉し、スプーンでしっかり絞るよう
　　に押し付ける。

7　鍋に戻して一度沸かし、塩、胡椒で味を
　　調える。

8　にんにく入りマヨネーズを作る。ボウル
　　に卵黄、塩、胡椒、すりおろしたにんに
　　くを入れ、レモンを絞る。泡だて器で混
　　ぜながらよく溶かし、ゆっくりとオリー
　　ブオイルを加え、乳化させる。

9　7を皿に盛り、お好みで8を加え、スー
　　プに溶かしながら食べる。

独り占めしたかった日
「タコのエスニック唐揚げ」

私はタコもパクチーも大好きだけど、ロマンは両方苦手だから、独り占めできるかもしれない。タコの見た目と食感が苦手なロマンのために油でカリッと焼いてみた。スパイスはカレー粉でもチリパウダーでもいい。塩分はタコの塩分のみ。タコの水分が残っていると焼いているうちにはねるので注意しないといけない。
結果は意外にもロマンも食べてくれた。でもおいしいとは言ってくれなかった。
きっと食べないと悪いと思って無理して食べてくれたのだろう。残してくれてもよかったんだけどなぁ。

材料（2〜3人分）
　タコ　足1本
　エスニックなスパイス
　（今日はクミンとコリアンダー）
　3ふりずつ
　パクチー　小1束
　りんご　$\frac{1}{4}$個
　小麦粉　大さじ1$\frac{1}{2}$
　オリーブオイル　大さじ2
　レモン　$\frac{1}{2}$個

作り方
1　タコは水分を拭き取り、スパイス
　　をふりかけておく。
2　サラダを準備する。パクチーはざ
　　く切りにして、りんごは細切りに
　　する。水にさっとさらし、ざるに
　　あげておく。
3　フライパンにオリーブオイルをひ
　　き、1に小麦粉をまぶし、動かさ
　　ず焼き色をつける。
4　皿に2を敷き、3をのせ、レモン
　　を添える。

自分へのご褒美の日

「(辛くない)ヤムウンセン」

タイ料理は大好きで、外でも家でもよく食べる。最近は子供がいるので
あまり食べに行けないし、家でも辛いものは作れない。でもヤムウンセ
ンは大好物でスーパーで新鮮な魚介類を目撃してしまうとつい作ってし
まう。忙しかった一週間を乗り切った自分へのご褒美のために今日も作
ろう。ロマンはパクチーが嫌いなので混ぜ込むのはやめて添えるだけに
して、息子も食べられるように唐辛子は入れないでおこう。
ヤムウンセンは割としっかりめに味がついていて添えてあるキャベツや
きゅうりなどの野菜と一緒に食べるとバランスがいい。ナンプラーもレ
モンの酸味もしっかりきかせるのが好きだけど、ナンプラーやスイート
チリソースがないときは醤油やオイスターソース、ポン酢などで代用し
てもいいと思う。甘酸っぱい味に仕上げると一味違ったサラダになる。
食べ慣れない外国の料理を作るときは材料がそろわなかったり、家族に
その味付けが嫌いな人がいたりすることがあるけれど、ポイントさえ押
さえていれば、いろんなもので代用してもその国らしい雰囲気に仕上が
るものなのだ。

材料(2〜3人分)
春雨 15g
きゅうり 1本
セロリ 1/2本
にんじん 1/2本
赤玉ねぎ 1/4個
ひき肉 100g
パクチー 1/2束
イカ、エビなど
　お好みの量
キャベツ 少々
スイートチリソース
　大さじ3
ナンプラー
　大さじ2〜3
レモン汁 1個分

作り方
1　鍋にたっぷりの水を入れて沸かす。
2　湯を沸かしている間に材料を切る。きゅうり、セロリ、にんじんを棒状に切り、赤玉ねぎは繊維に逆らって薄切りにし、水につけておく。エビは尾を残して殻をむき、背に切り込みを入れ、背ワタを取る。イカは一口大に切る。パクチーは茎は小口切り、葉はざく切りにする。
3　湯が沸いたら春雨をゆでる。表示時間の2分前にエビ、イカ、1分前にひき肉を加え、ゆでたらざるにあげ、しっかり湯を切って鍋に戻す。
4　スイートチリソース、ナンプラー、レモン汁で味をつけ、水を切った野菜を加え、よく混ぜる。
5　お好みでパクチーの茎の部分を混ぜる。
6　皿に盛り、ざく切りにしたキャベツ、パクチーの葉、レモン(分量外)を添える。

トマトがたくさん手に入った日 2
「トマトファルシ」

友人のお母さんからトマトを1ケースもらったのでトマトファルシを作る。トマトファルシはいわゆるトマトの肉詰めなのだけど、作り方はいろいろあって、生の肉を詰める人や炒めた肉を詰める人、グラタン皿にお米を敷いてその上で焼き、お米と一緒に食べる人、トマトの底にお米を敷く人などさまざまで面白い。

私自身もいろんな人にいろんな作り方を教えてもらいながら自分のレシピを模索しているところ。時間はかかるけどオーブンに入れておくだけだから、時間に余裕のある休日に作ることが多い。付け合わせはごはんが合う。タイ米などの外米だと香りがあっていい。トマトとお米をつぶしながら、からめて食べる。カレーでもなく、ミートソースでもない、また違ったおいしさがある。

材料（2〜3人分）
- トマト　4個
- ひき肉　400g
- 玉ねぎ　1/2個
- 卵　1個
- パン粉　大さじ2
- 塩、胡椒　各適量
- オリーブオイル　大さじ2
- パクチー　適量
- ごはん　適量

作り方
1. トマトはへたの部分を切って中身をくりぬき、軽く塩をして逆さに置き、中の水分が切れるようにしておく。くりぬいた中身は鍋に入れる。
2. その間に肉だねを作る。玉ねぎはみじん切りにして時間があればレンジで熱を通しておく（時間がなければ生のままでもOK）。ひき肉に塩胡椒してよく練り、卵、玉ねぎ、パン粉を入れてよく混ぜる。
3. 1のトマトに肉だねを入れ、へたの部分で蓋をして、オリーブオイルをかけて180〜200度のオーブンで30分焼く。
4. 1の中身を入れた鍋に一つまみの塩を入れ、つぶしながら煮詰め、ソースにする。
5. 皿にごはんを敷き、3をのせ、4をかける。お好みでパクチーを散らす。

ロマンが作ってくれた日
「イタリア風マカロニグラタン」

ロマンは料理が得意なわけではないけれど、たまに張り切ってレシピを調べ、作ってくれようとする。今日は私が仕事で帰りが遅くなるのでロマンに夕食の準備をお願いしたら、レシピ本から作れそうなものを選んで作ってくれた。

gratin à l'italienne 直訳すると、イタリア風グラタンだけど、どこがイタリア風なのかというとトマトが入っているからだろう。フランス人らしい料理というか、ざっくりとした料理だけど、フランスの家庭料理ってまさにこんな感じなのだと思った。この気楽さが男性でも気軽にささっと作ってしまえるのだろう。

味は塩が足らないって思ったけれど、シンプルでおいしかった。トマトがソース代わりのアクセントになって食べ飽きない。マカロニグラタンを作るときは、オーバーボイルにしてソースをなじませた方がいい。パスタでもアルデンテが嫌いなフランス人だけに、マカロニもしっかりゆでてあった。わざわざホワイトソースを作らず、生クリームをソース代わりにするのはフランスの家庭料理では定番！

材料（2〜3人分）
マカロニ　200g
生クリーム　200cc
ハム　1〜2パック
トマト　小4個
塩、胡椒　少々
ピザ用チーズ
　　2〜3つかみ

作り方
1　鍋に湯を沸かして塩を入れ、表示時間より1〜2分プラスしてマカロニをゆでる。
2　別の鍋に生クリーム、胡椒を入れ火にかけ、沸いたら火を止めてチーズを1つかみ入れ、ざく切りにしたハムを入れる。
3　ゆであがったマカロニを2に入れ、よく混ぜる。
4　グラタン皿に移し、1cmの厚さに切ったトマトを並べ、残りのチーズをのせ、250度のオーブンで15〜20分焼く。

好きなものを好きなだけの日

「手作りピザ」

たまに食べたくなる宅配ピザだけど、結構高いし、味も濃いので我が家ではピザもたまに作ったりする。ロマンが作るときは市販の焼くだけのピザに具とチーズを足して、私は時間があれば生地から作る。ホームベーカリーで朝食のパンを焼いているので（作るのはロマンだけど）材料はそろっている。

作り方は本やネットで調べていろいろ試している。発酵時間のかからないものを選ぶことが多い。ピザソースはケチャップにハーブミックスをふりかけるだけ。ピザソースを買うより香りがいいし手軽にできる。酸味が足らないので具材に生のトマトをのせる。あとは好きなもの、食べたいもの、余っているものをたっぷりのせて高温のオーブンで一気に焼き上げる。

具がたっぷりだと生地がカリッと焼けなかったり、食べにくかったりするけど、家で食べるのだから気にせずナイフとフォークを使って食べればいい。形がいびつなのも家庭料理ならではのおいしさ。

材料(2〜3人分)
ピザ生地　2枚
黄パプリカ　1/4個
ピーマン　1個
玉ねぎ　小1個
アスパラ　2本
ミニトマト　3〜6個
ロールイカ　1/2本
エビ　6〜8尾
ホタテ(貝柱)　2〜3個
ケチャップ　大さじ4
ハーブミックス　適量
ピザ用チーズ　適量

作り方
1　ピザ生地にケチャップを塗り、ハーブミックスをふりかける。
2　薄切りにした野菜と一口大に切った魚介をのせ、チーズをかける。
3　250度に熱したオーブンで10〜15分焼く。

「おかわり！」が聞けた日

「ミネストローネ風みそ汁」

息子は保育園では何でも食べるようだけど、家に帰ると気分によってむらがある。あえて無理やり食べさせたりはしないけれど、あまりにも栄養が偏っているなと思うときがある。私たち大人も同じように、栄養のバランスが偏ってしまうことはよくある。

そんなとき作るのが野菜がたっぷり入ったスープで、冷蔵庫の掃除にもなる。今日は息子も大好きなみそ味にした。普通のみそ汁とは違ってオリーブオイルでゆっくりと野菜のうまみを引き出してから煮てあるので、洋風のおかずにも合う。食べ慣れたみそ汁も切り方や手順を変えるだけで雰囲気が変わる。

仕上げに息子のマイブームアイテム、コーンを入れて、ミックスビーンズも入れる。豆は体にいいし、おいしいのに、日本ではあまり簡単に買うことができないので、私はミックスビーンズのパックを常備している。スープやサラダ、煮込み料理など、いろんな料理に使うことができる。結果は狙い通り。二人ともおかわりをしてくれた。

材料（2〜3人分）
玉ねぎ　1/2個
にんじん　1/4本
じゃがいも　1個
かぼちゃ　2切れ
キャベツ　1/8個
しいたけ　2個
しめじ　1/2パック
コーン　1/4缶
ミックスビーンズ　1パック
みそ　適量
オリーブオイル　大さじ1
塩　一つまみ

作り方
1 鍋にオリーブオイルをひき、角切りにした玉ねぎとにんじん、塩を入れ、弱火で炒める。
2 キャベツ、キノコ、じゃがいもも同じくらいの大きさに切り、1に入れて炒めていく。
3 しんなりしたらしっかりかぶるくらいの水を入れ、沸いたら角切りにしたかぼちゃ、ミックスビーンズとコーンを加え、やわらかくなったらみそを入れる。

ハーブの香りに包まれた日
「魚のソテー」

フランスのマルシェに行くとハーブがどっさり束にされて売っている。そばを歩くとさわやかないいにおいがする。留学していたときはよくこのにおいをかいでいた。あの頃の思い出とにおいが重なりキュンとなる。日本では高くて普段使いできないし、近所のスーパーではなかなか手に入らないのだけど、初心を忘れないためにもたまにハーブを買ってみる。いろんな香りが混ざったハーブのサラダは清々しい味。初めて食べたときはハーブだけのサラダなんて本当においしいのかなと思ったけれど食べてみてびっくり。肉や魚にさわやかな風味をもたらし、主張しすぎず、とってもよく合う。私にとっては思い出の味。フランスの味。
今日はサーモンのソテーに、フレッシュトマトで作ったソースを添えて。

材料 (2～3人分)
　　サーモン　2切れ (何の魚でもOK)
　　塩、胡椒　各適量
　　ハーブ
　　 (チャービル、パクチー、小ねぎ、
　　　ディルなど)　適量
　　トマト　1個
　　レモン汁　$\frac{1}{4}$個分
　　オリーブオイル　大さじ2

作り方
1　ハーブは小さくちぎり、水につけてざる
　　にあげておく。
2　トマトを角切りにし、塩胡椒する。
3　サーモンは塩胡椒し、オリーブオイル大
　　さじ1で焼く。
4　トマトにレモン汁、オリーブオイル大さ
　　じ1を加えソースを作る。
5　皿にサーモンをのせ、トマトソースをか
　　けて、ハーブをふんわりのせる。

のんびりお休みの日

「ロストポーク」

今日は休日だけど、予定はない。家でのんびり過ごして夕食もゆっくり
食べたい。こんなときは塊の肉を買ってきてローストにする。今日は近
くのスーパーで豚肩肉を買ってきた。

塊の肉を焼くときは必ず室温に戻すことが大切。香りをつけるためにに
んにくをすりこみ、表面を焼き固める。あとはオーブンに入れるだけ。
15〜20分おきに回転させて焼きむらがないようにする。のんびり映画
でも見ながら焼けるのを待つ。仕事でたくさんの家庭のオーブンを使っ
てきたけれど、オーブンの種類や使用年数によって同じ180度でも焼
き上がりに違いが出る。用意した肉の肉質や形（細長い600gか厚い
600gか）によっても焼け方は違う。でも難しく考える必要はない。と
にかく焼いてみてほしい。レストランでは完璧な火通しを求められるけ
れど、家庭では焼きすぎていたっておいしいはず。フランスでは端っこ
の焼きすぎたところが好きな人がいて取り合いになるくらい。付け合わ
せのピュレとたっぷりの野菜と一緒に食べる。何もしてないけど贅沢な
気分になる。

材料（2〜3人分）
豚肩ロース肉　600g
じゃがいも　4個
いんげん　2袋
にんにく　1かけ
玉ねぎのみじん切り
　一つまみ
バター　30g
牛乳　100〜200cc
　（好きなかたさにのばす）
塩、胡椒　各適量
サラダ油　適量
白ワイン　50cc

作り方
1　豚肉は室温に戻しておく。
2　にんにくをすりおろしてまぶし、塩胡椒し、フライパンに油をひき、強火で焼き色をつける。
3　180度に温めたオーブンで45分焼く。
4　一口大に切ったじゃがいもをたっぷりの湯でやわらかくなるまでゆでる。
5　いんげんをさっとゆでてバター10gで和え、玉ねぎをからめる。
6　肉が焼けたらアルミホイルでくるみ、休ませる。天板にこびりついたうまみを白ワインでこそげ落とし、煮詰めてソースにする。肉を休ませたあと、アルミホイルにたまった肉汁もソースに入れる。
7　じゃがいもがやわらかくなったらざるで漉し、牛乳、バター20gを入れてのばす。

作り置きの日
「野菜のピュレ」

息子が離乳食を始めたとき、野菜ピュレをよく作って冷凍していた。フランスにはおかゆの概念がないので、離乳食といえば果物や野菜のピュレなのだそう。簡単なのでロマンもよく作っていた。バターが食べられるようになれば少し入れてあげると甘さが出る。それまではなしでもいい。やわらかい野菜はさっとゆでて、にんじんのようなかたい野菜は蒸し煮にすると野菜の味を逃がさずにやわらかく火を通すことができる。離乳食でもあるピュレだけど息子が成長した今でもよく作る。チキンソテーや肉巻き、ハンバーグなど、肉や魚の付け合わせとして、冷凍もできるし、のばしてスープにしたり、お肉で巻いて肉巻きにしたり、アレンジもいろいろ。いつも作り置きしておこうとたくさん作るのだけど、ピュレ好きのロマンが平らげてしまう。

材料（2〜3人分）
 にんじん　2本
 牛乳　適量
 バター　15g
 塩　一つまみ

作り方
1　にんじんは皮をむき、薄く切って塩とバターでしんなりするまで炒める。
2　ひたひたの水を入れ、蓋をしてやわらかくなるまで蒸し煮にする。
3　水分がほとんどなくなったら、牛乳大さじ3を加え、ミキサーにかける。
4　滑らかになったら、牛乳で好みのかたさにのばす。

冷蔵庫お掃除の日

「ホットサラダ」

冷蔵庫に中途半端に残った野菜がたくさんあった。

鍋にたっぷりのお湯を沸かしてかたいものから順番にゆでていく。シンプルだけどゆで方が大切。にんじん、かぶはやわらかくゆでてもいいし、少しかためでもおいしい。ブロッコリーもゆですぎるより歯ごたえがある方が好きだ。自分の好みのかたさにゆでて、ツナペーストをつけて食べる。ソーセージや半熟のゆで卵を添えるとそれだけでボリュームのある一品になる。

昔は野菜不足なんて全然気にならなかったのに、最近は妙に栄養のバランスが気になったりする。日々の食事一品一品でバランスを取ろうとすると大変なので、1週間や1か月などの長い単位でバランスよく野菜を食べるようにしている。

旬のものを食べるのも大切。今日のようにゆでたり、蒸したり、グリルにしたり……シンプルな調理法で野菜そのものの味を楽しむのもいい。

材料（2〜3人分）
にんじん　1本
かぶ　2個
カリフラワー　½個
ブロッコリー　½個
かぼちゃ　4切れ
卵　2個
ソーセージ　4本
ツナ　1缶
マヨネーズ　大さじ4

作り方
1　ゆで卵を作る。
2　にんじん、かぶ、カリフラワー、ブロッコリー、かぼちゃの順に時間差で野菜をゆで、残り湯でソーセージをゆでる。
3　ツナの油を切ってボウルに入れてスプーンの背ですりつぶし、マヨネーズと混ぜる。

甘いものが食べたい日
「タルトタタン」

レストラン時代、秋になると必ず作っていたデザートの一つにタルトタタンがある。作るのには手間も時間もかかるのだけど、家庭で作るならもっと簡単に作りたいし、もう少し軽くさっぱり仕上げたい。
りんごは一年中スーパーで買えるフルーツだ。気が向いたときにサクッと作れるおやつが一番いい。このくらい簡単ならロマンにだって作れる。料理もそうだけどおやつも作り方が難しければ遠のいてしまう。
もちろんお店で買ったものとは違うけれど、このくらいのざっくり感がほっとする。生クリームをたっぷり添えて、熱々のうちに食べるのもいいし、冷たく冷やしてからでもおいしい。

材料 (2 〜 3 人分)
　　りんご　大 1 個
　　砂糖　大さじ 2
　　冷凍パイシート　1 枚
　　生クリーム　適量

作り方
1　りんごは一口大に切り (1 〜 2cm角) グラ
　　タン皿に入れ、砂糖を加えてからめる。
2　ラップして 600W のレンジに 4 分かけ、
　　ラップを外してスプーンで混ぜ、ラップ
　　なしで 6 分かける。
3　2 にパイシートをのせ、180 度のオーブ
　　ンで 30 分焼く。皿に切り分け、お好み
　　でホイップした生クリームを添える。

父が育てたさつまいもが届いた日
「さつまいもごはん」

定年退職した父が家庭菜園を始めたのでときどき野菜が送られてくる。今日届いたのはさつまいも。
息子は最近、好き嫌いが始まり、食感がやわらかいピュレなどはあまり好きではないようなのでピュレやポタージュはやめて、さつまいもごはんにしよう。味付けは何もせず、シンプルにさつまいもとお米だけで炊いて、食べるときにごま塩をかける。さつまいもの甘みと塩のメリハリがあっておいしい。
しまい込んでいた土鍋を出して炊いてみた。
気になる息子の反応は、甘さがイヤなのかさつまいもだけよけて食べていた。
後日、祖父といもほりをしてからは「おいしい」と言ってくれるようになった。好き嫌いを克服するには、「楽しい」体験も必要なのだ。

材料（2～3人分）
米　2合
さつまいも　中1本
ごま塩　適量

作り方
1　米を研いで水を切っておく。
2　さつまいもの皮をむき、角切りにして水にさらす。
3　土鍋または炊飯器に米、水を切ったさつまいもの順に入れ、水420ccを入れて炊く。土鍋の場合は中火にかけ、沸騰したら弱火に落とし15分。いただくときにお好みでごま塩をかける。

スパイシーな日
「タットリタン」

辛い料理は嫌いではないけど私は辛さに強くない。ロマンは辛い料理が好きだ。今日はそんなロマンのために韓国料理を作ってみよう。
辛いといっても豆板醬ではなくコチジャンを使うのでやさしい辛さがいい。作り方も簡単なタットリタンにした。韓国風の肉じゃがとよくいわれているけれどまさにそんな感じで、じゃがいもは大きめに切ってホクホク、ねぎがトロッと甘くて、野菜と肉のうまみがしみこんだピリ辛のスープもおいしい。
辛いものが好きな人はコチジャンの量を多めにしたり、唐辛子を足したり、逆に私のように辛いものが苦手な人はコチジャンの代わりにみそで代用してもいい。コチジャンを加える前に息子の分は取り分けて！

材料（2〜3人分）
　　じゃがいも　3個
　　にんにく　1かけ
　　にんじん　1本
　　ねぎ　1本
　　手羽元　6本
　　コチジャン　大さじ1〜2
　　醤油　大さじ1
　　砂糖　大さじ1〜2
　　鶏がらスープの素（顆粒）　小さじ½
　　ごま油　小さじ1

作り方
1　鍋に半割りにしたじゃがいもとにんにく、
　　厚めの輪切りにしたにんじん、斜めに
　　切ったねぎ、手羽元、ひたひたの水、鶏
　　がらスープの素を入れ、火にかける。
2　沸いたらアクを取り、蓋をしてやわらか
　　くなるまで煮る。
3　蓋を取って調味料をすべて入れ、10分
　　煮る。

大切な友人とのホームパーティの日
「スペアリブとレンズ豆の煮込み」

日本で豆といえば大豆や小豆くらいのものだけど、大豆はほとんど食べる機会がないし、小豆は和菓子を食べるときぐらい。フランス料理はレンズ豆、ひよこ、白いんげんなど、豆を使った料理も多い。最近ではレンズ豆もスーパーでよく見かけるようになったので、見つけると買ってストックしておく。今日は友達家族が来るので豆を使った料理を作ろう。子供たちも来るのでやわらかく煮込んだスペアリブとレンズ豆の煮込みがいいかも。レンズ豆はサラダもおいしいけど、玉ねぎやにんじんなどと煮て、ソーセージややわらかく煮込んだお肉と一緒に食べるのもいい。

今日は気取らない集まりなので前菜は簡単に。カラフルなトマトをたっぷり洗って。それだけ？って思う人もいるかもしれないけどおしゃべりしながらつまむのにとてもいい前菜になる。ラディッシュも洗ってバターをつけながらかじったりもする。こんな気楽な前菜でもおいしくて、楽しければいい。

材料（2～3人分）
レンズ豆　200g
玉ねぎ　中1/2個
にんじん　1/4本
ベーコン　2～3枚
コンソメ　2個
スペアリブ　800g
ソーセージ　8本
タイム　少々
ローリエ　1枚　あれば
塩、胡椒、砂糖　各適量
オリーブオイル　大さじ1
マスタード　お好みの量

作り方
1　スペアリブに砂糖、塩をすりこんでおく。
2　鍋に1のスペアリブ、しっかりかぶるくらいの水を入れて強火にかけ、沸いてきてアクを取ったら弱火に落としコンソメ1個、タイム、ローリエを加え、30～45分煮る。
3　別の鍋にオリーブオイルを入れて小さい角切りにした玉ねぎ、にんじんを入れ、軽く炒めてレンズ豆、しっかりかぶるくらいの水、コンソメを入れて豆がやわらかくなるまで30分程煮る。途中水が少なくなったら足す。
4　2のスペアリブがやわらかく煮えたら、ソーセージを入れて火を通し、3のレンズ豆がやわらかくなったら小さい角切りにしたベーコンを加える。
5　豆の鍋の水分が飛びすぎていたら肉の煮汁を少し加えてのばし、塩、胡椒で味を調えて皿に盛る。
6　スペアリブとソーセージを5の上に盛り、お好みでマスタードをつけていただく。

風邪気味の日

「生姜たっぷりおじや」

風邪をひいて食欲がないとき、しっかりごはんを作る気力はないけれど、体が弱っているときこそ手作りのものが食べたくなる。

冷蔵庫の中に残っているものは使いかけのキノコくらいだ。冷凍のごはんは大抵ストックしているからおじやを作ることにした。

水の量は目安で量る。家で使っている一番小さい鍋は縁まで入れると1500ccなのでだいたい半分くらい。こうやって目分量でやれると時短になるし、感覚で料理ができるようにもなってくる。

だしパックの塩分量はさまざまなので、味が足らなければ塩や醤油で調整する。だしパックではなく、コンソメを使って仕上げに粉チーズを加えるとリゾット風になる。その場合、煮すぎないようにすることが大切。

今日は冷蔵庫にきゃらぶきがあったのでアクセントに添えてみた。おじや自体の塩分を控えめにするとメリハリがついておいしい。

材料(1人分)
冷凍ごはん　1膳分
だしパック　1個
しいたけ　2個
しめじ　1/2パック
まいたけ　1/2パック
生姜　お好みの量
醤油　お好みの量
(きゃらぶき
　お好みの量)

作り方
1　鍋に水600cc、スライスしたしいたけ、ほぐしたしめじとまいたけ、千切りにした生姜、だしパックを入れ、弱火にかける。
2　沸騰したら中火にし、ごはんを入れ、ごはんがほぐれたら好みのかたさまで煮る。仕上げにお好みで(きゃらぶきをのせ)醤油を数滴たらして香りをつける。

体を温めたい日

「鍋焼きうどん」

出張で初めて京都に行ったとき、帰りがけに鍋焼きうどんを食べてとてもおいしかった。うどん好きの息子にもあのだしのきいたおいしいうどんを食べさせてあげたいし、今日は寒いので、鍋焼きうどんにしてみよう。3人分まとめて作るのでグリル鍋で作るとする。

かたいお肉が食べられない息子のために一工夫して、あらかじめだし汁で鶏肉をやわらかく煮ておく。水からゆっくり温度を上げていけば、子供にとっては少しかたいもも肉だってとってもやわらかくなるし、アクも引けるので清んだ仕上がりになる。ほうれん草はちょっと手間だけど別に下ゆですれば、アクも取れるし色もきれい。

みんなおいしいと言ってくれたけど、京都のうどん屋さんにはかなわなかったなぁ。

材料（2〜3人分）
うどん　3パック
だしパック　2個
鶏もも肉　1枚
ねぎ　1本
しいたけ　1パック
まいたけ　1パック
蒲鉾　½個
ほうれん草　1束
卵　3個
醤油　小さじ1

作り方
1　鍋に水1ℓ、だしパック、一口大に切った鶏肉を入れ、火にかける。
2　沸騰したらアクを取り、15〜20分煮る。
3　その間に具を準備する。ねぎは斜めに、しいたけは½に切り、まいたけは小房に分ける。
4　グリル鍋に2の汁、うどん、醤油、ねぎ、キノコを入れ、2の鶏肉をのせ、蓋をして5分煮る。
5　ねぎがやわらかくなったら2mm厚さに切った蒲鉾、さっとゆでたほうれん草をのせ、卵を割り入れる。
6　蓋をして5分蒸らす。

骨付きチキンを発見した日
「ローストチキン」

近所のスーパーでたまに骨付きのもも肉を売っている。1本100円の冷凍のものがあるときもあるけれど、今日は生の大きめのものしかなかった。骨付きのお肉はあると嬉しくて買ってしまう。冷凍のものを使うときは完全に解凍させ、水分をしっかり取っておく。こうすると臭みも取れるし味もなじみやすい。
あとはソースをつけてオーブンに放り込んでおくだけ。ちょっとくらいの焦げ目ならついた方が逆においしそうに見えていい。
食べるときは骨にアルミホイルを巻いて豪快にかぶりつく。お行儀は悪いかもしれないけど、たまにはこうやって食べるのもおいしいと思う。肉食の私たちにはぴったりの一品。
もちろん骨なしのもも肉でも代用できる。

材料 (2〜3人分)
　　骨付き鶏もも肉　2本
　　醤油　大さじ1
　　オイスターソース　大さじ1
　　はちみつ　大さじ1
　　塩、胡椒　各適量

作り方
1　もも肉はしっかり水分を拭き取って軽く
　　塩胡椒する。
2　調味料をボウルに入れ、1をくぐらせて
　　オーブンに入れる。途中2〜3回残った
　　ソースを刷毛やスプーンで塗りながら
　　180〜200度のオーブンで15〜20分
　　焼く。焦げるようならアルミホイルをか
　　ぶせる。

おめでたい日

「ガレットデロワ」

フランスでは1月6日はガレットデロワを食べる日。フランスのパン屋さんやパティスリーではどこでも売っているけれど、ここ日本ではそんなに簡単に買えるものでもないので、我が家では1月6日はもちろん、お祝いの日に簡単に作れるデザートとして登場する。

日本のパイシートは長方形か正方形なので、無駄が出ないように四角く焼こう。本当ならフェーブと呼ばれる小さな陶器の人形が入っていて当たった人が王様になるのだけど、それは子供たちが大きくなってから楽しもう。今日はフェーブの代わりに板チョコをひとかけ忍ばせた。

冷凍のパイシートは半凍りくらいが扱いやすいが、電話がかかってきてうっかり解凍しすぎてしまった。こんなときは焦らず冷凍庫にさっと入れて作業するとくっつきにくい。

私のはこんなにいびつな形になってしまったけど、だれも気にしないので大丈夫。パイ生地とアーモンドクリームのシンプルな味が素朴でおいしい。

材料（2〜3人分）
冷凍パイシート
　（正方形のもの）　1枚
バター　50g
砂糖　50g
卵　1個
卵黄　1個分
アーモンドパウダー　50g
ラム酒　小さじ$\frac{1}{2}$

作り方
1　パイシートを冷凍庫から出しておき、オーブンを180度に予熱しておく。
2　ボウルにバター、砂糖を入れスプーンの背でつぶしながらやわらかくする。
3　ある程度やわらかくなったら卵を割り入れ、よく混ぜる。このときもバターをスプーンの背でつぶすように混ぜる（量が多いときは泡だて器を使った方がよい）。
4　アーモンドパウダー、ラム酒を加えて混ぜる。
5　パイシートを半分に切り、オーブンシートを敷いた天板にのせる。4をのせてのばす。
6　縁に卵黄を塗り、もう半分のパイシートをかぶせる。
7　表面に包丁で筋を入れ、筋に沿って空気穴を何か所かあける。
8　20〜30分焼く。

おわりに

「志麻さんは家ではどんなものを食べているんですか？」とよく聞かれます。「普通です」と私は答えます。特別な材料を買っているわけでもなく、フランス料理ばかり作っているわけでもない。

　よく聞かれるから本にしちゃおうと思ったのではなくて、レシピだけじゃない本を作ってみたかったのです。私は仕事でたくさんの家庭に行きますが、そこにはたくさんの人がいてそれぞれの物語があります。「野菜が嫌いな娘さんがいる」なら、くたくたになるまで煮て臭みを飛ばしてみよう。「明日は息子さんの運動会がある」なら、冷めてもおいしい唐揚げを作ろう。「毎晩子供が寝たあとに晩酌をするのが楽しみというご夫婦」なら、日持ちのするリエットを作ってあげよう、など。そこに食べてくれる人がいるから料理を作るのです。だからレシピだけでは料理は作れないし、楽しくないのです。

　レストランを辞めたとき、私はフランスに行って「突撃！隣の晩ごはん」をやろうと思っていました。電車やカフェで「ボンジュール、マダム。今日の晩ごはんを教えてください」と言って、フランスの家庭料理を教えてもらおうと思っていました。結局、渡仏の資金を貯めようとしたバイト先でロマンと出会い結婚し、その夢は中断しましたが、今こうして家政婦の仕事を通して、家庭で作る料理

のすばらしさ、楽しさを日々感じています。

　とはいえ、こんなに忙しい毎日の中で、なかなかゆっくりと料理を作れない人が多いのも私はよくわかっています。私自身こうして日記を読み返してみると、時間がない、忙しいなど何度も書いていることに気づきます。そんな日は簡単にできるものしか作っていないのですが、それでもおいしく楽しく食べたことや、上手にできなかったときも「大丈夫、おいしいよ」と言って完食してくれたロマンの姿や、おやつを食べすぎて晩ごはんが食べられず、ロマンに叱られてたくさん泣いたあと、泣きすぎてお腹がすいたのか食べてくれて「ママン、おいしかったよ」と目に涙をためながら言ってくれた息子を抱きしめたことなど、ごはんと家族の思い出は尽きることがありません。

　そんな私のささやかな日常を本にしてくださった幻冬舎の真鍋文さん。素人の私に写真の指導をしてくださったカメラマンの谷口大輔さん。よき理解者でいつも私を支えてくれているマネージャーの平田麻莉さん。そして、毎日私の料理を「おいしい」と言って食べてくれるロマンと長男、今はまだ同じものを食べられないけれど食べ物に興味津々の次男に、心から感謝しています。

INDEX　レシピ索引

ごはん

12　キーマカレー
16　かば焼き丼
26　タコライス
52　ロコモコ丼
66　海鮮丼
94　さつまいもごはん
100　生姜たっぷりおじや

麺類

10　ミートソーススパゲティ
14　けんちんうどん
22　レモンラーメン
44　アスパラボンゴレ
54　具だくさん冷やし中華
58　トマトいっぱいパスタ
68　納豆そばパスタ
102　鍋焼きうどん

肉

18　肉豆腐
28　ケバブ
32　カツ煮定食
50　オクラの肉巻き
62　ステックフリッツ
64　豚肉と野菜ハニーマスタード炒め
86　ローストポーク
98　スペアリブとレンズ豆の煮込み
104　ローストチキン

魚介

8 イワシとじゃがいものセロリ風味
34 マナガツオの南蛮漬けピクルス風
38 手巻き寿司
56 ムールフリッツ
70 ブイヤベース
72 タコのエスニック唐揚げ
84 魚のソテー

野菜

20 にんにくスープ
24 野菜たっぷりチンジャオロース風
46 ズッキーニのポタージュ
48 モズクときゅうりの酢の物
74 (辛くない)ヤムウンセン
76 トマトファルシ
82 ミネストローネ風みそ汁
88 野菜のピュレ
90 ホットサラダ
96 タットリタン

その他

30 おもちでラザニア
36 コロッケ
40 バインミー
42 和風オムレツ
60 レモンケーキ
78 イタリア風マカロニグラタン
80 手作りピザ
92 タルトタタン
106 ガレットデロワ

タサン志麻

大阪あべの・辻調理師専門学校、同グループ・フランス校を卒業し、ミシュランの三ツ星レストランでの研修を修了。帰国後は老舗フレンチレストランなどに15年勤務。2015年にフリーランスの家政婦として独立。各家庭の家族構成や好みに応じた料理が評判を呼び「予約がとれない伝説の家政婦」としてメディアから注目される。『沸騰ワード10』(日本テレビ系)で一躍話題となり、2018年に出演した『プロフェッショナル 仕事の流儀』(NHK)では上半期最高視聴率を記録。現在も家庭に出向き、冷蔵庫にある食材で料理をしながら「つくりおきマイスター養成講座」のレシピ監修・講師や、食品メーカーのレシピ開発など多方面で活動中。 https://shima.themedia.jp/

デザイン 有山達也+岩渕恵子 (アリヤマデザインストア)
編集協力 平田麻莉
撮影協力 谷口大輔
DTP 美創

志麻さんちのごはん

2019年12月10日 第1刷発行

著 者 タサン志麻
発行者 見城 徹
発行所 株式会社 幻冬舎
〒151-0051 東京都渋谷区千駄ヶ谷4-9-7
電話 03-5411-6211 (編集)
03-5411-6222 (営業)
振替 00120-8-767643

印刷・製本所 図書印刷株式会社

検印廃止

万一、落丁乱丁のある場合は送料小社負担でお取替致します。
小社宛にお送り下さい。本書の一部あるいは全部を無断で複写複製することは、
法律で認められた場合を除き、著作権の侵害となります。
定価はカバーに表示してあります。

© Shima Tassin, GENTOSHA 2019
Printed in Japan
ISBN978-4-344-03550-8 C0095

◎幻冬舎ホームページアドレス
https://www.gentosha.co.jp/
◎この本に関するご意見・ご感想をメールでお寄せいただく場合は、
comment@gentosha.co.jp まで。